CHANTS DU PÈLERIN

A

NOTRE-DAME DE LAVAL

LYON

IMPRIMERIE EMMANUEL VITTE

18, rue de la Quarantaine, 18.

1896

CHANTS DU PÈLERIN

CHANTS DU PÈLERIN

A

NOTRE-DAME DE LAVAL

LYON

IMPRIMERIE EMMANUEL VITTE
18, rue de la Quarantaine, 18.

1896

Chants du Pèlerin

A

NOTRE-DAME DE LAVAL

Réjouis-toi, peuple fidèle,
Dieu, comblant les vœux de ton cœur,
T'a rendu l'antique chapelle,
De tes aïeux gloire et bonheur.

CHŒUR

Du Forez, Patronne chérie,
Nous venons renouer le pacte des vieux jours ;
Accueille avec amour le vœu de la patrie :
A Notre-Dame ! et pour toujours !

De nos Pères suivons les traces
Et prenons les sentiers du val ;
Allons à la source des grâces,
A Notre-Dame de Laval.

Ici l'on vit, ô temps prospères !
Accourir les peuples chrétiens,
Unir leurs ardentes prières
Bourbonnais et Foréziens.

Ici des grâces signalées,
Vierge, ont fait briller ton pouvoir,
Et bien des âmes affligées
Ont trouvé le calme et l'espoir.

Ici tu donnas à nos pères
La gloire des fortes vertus ;
Tu fis resplendir en nos mères
Un reflet des chastes élus.

Ici tu protégeais leur tête
Et leurs guérets et leurs coteaux,
Tu commandais à la tempête
Et conjurais les noirs fléaux.

Signale encor ton sanctuaire,
O Notre-Dame de Laval,
Brise toujours par ta prière
Les efforts de l'ange infernal.

Comme autrefois que ta puissance
Eclate en miracles nouveaux,
Qu'éprouvant ici ta clémence
Nous méritions des jours plus beaux.

Rends pour nous la terre féconde,
Garde les fruits de nos sueurs ;
Si quelquefois l'orage gronde,
Calme et dissipe ses fureurs.

Fais sentir ici ta présence ;
Dans les cœurs ranime la foi ;
Fais-y revivre l'espérance,
Brûler l'amour du divin Roi.

Quand viendra notre dernière heure,
Accours à nous du haut des cieux ;
Et dans la céleste demeure
Unis les fils à leurs aïeux.

La Patronne du Pèlerin.

O Notre-Dame,
Guidez notre âme
Dans le chemin,
Vous la patronne
Toujours si bonne
Du pèlerin.

Cette vallée
Tout embaumée
De vos douceurs
Nous fait attendre,
O Mère tendre,
Grandes faveurs.

    O Notre-Dame, etc.

Ici, ma Mère,
Ce sanctuaire
Porte bonheur;
Et toujours bonne,
Votre main donne
La paix du cœur.

    O Notre-Dame, etc.

Ici, ma Reine,
Toute âme en peine
Trouve en ses maux,
Pécheur ou juste,
O Vierge auguste,
Un doux repos.

    O Notre-Dame, etc.

Douce chapelle !
Le bon fidèle,

Rempli d'ardeur,
En ton enceinte
Paisible et sainte
Laisse son cœur.

O Notre-Dame, etc.

O Notre-Dame,
Trésor de l'âme,
Daignez bénir
La repentance
Et l'innocence,
Notre avenir.

O Notre-Dame, etc.

Mère de vie,
Vers la patrie
Tournez nos yeux.
A cette terre,
Val de misère,
Montrez les cieux.

O Notre-Dame, etc.

Soyez sur terre,
O bonne Mère,

Soyez toujours
Notre espérance
Dans l'indigence,
Notre secours.

    O Notre-Dame, etc.

A notre France,
Dans la souffrance
De son erreur,
Faites comprendre,
O Mère tendre,
Tout son malheur.

    O Notre-Dame, etc.

De vous, ô Mère,
L'Eglise espère
Des jours meilleurs.
Voyez ses craintes;
Calmez ses plaintes
Et ses douleurs.

    O Notre-Dame, etc.

Bonne Marie,
Je vous en prie,

Donnez l'espoir,
Après la vie,
Dans la patrie
D'aller vous voir.

O Notre-Dame, etc.

Invocations à Notre-Dame.

Priez pour nous, *Vierge amour* de nos pères,
Comme eux, en vous nous plaçons notre espoir ;
Pour alléger le poids de leurs misères,
Dix fois cent ans ont dit votre pouvoir.

O Notre-Dame,
Priez pour nous ;
Gardez, gardez notre âme,
Venez et sauvez-nous. } *bis.*

Priez pour nous, *Espoir de la patrie*,
Et rendez-lui la foi des anciens jours ;
Que telle soit sa devise chérie :
Foréziens catholiques toujours !

O Notre-Dame, etc.

Priez pour nous, *Patronne des familles*,
Voyez Satan brisant tous les liens,
Et séparant époux, pères et filles ;
Serrez les nœuds, rendez-les plus chrétiens.

O Notre-Dame, etc.

Priez pour nous, *Tutelle de l'enfance*,
A nos enfants donnez force et vigueur ;
Gardez leur foi, gardez leur innocence ;
Préservez-les du monde corrupteur.

O Notre-Dame, etc.

Priez pour nous, *Abri de la campagne*,
Du laboureur fécondez les travaux ;
Protégez tout : la plaine et la montagne,
Et loin de nous repoussez les fléaux.

O Notre-Dame, etc.

Priez pour nous, *Salut de notre France*,
Mille périls menacent ses enfants ;
Unissez-nous dans la même espérance,
De l'ennemi rendez-nous triomphants.

O Notre-Dame, etc.

Priez pour nous, ô *Reine de l'Eglise*,
A ses pasteurs donnez sainte fierté,
Otez l'erreur et tout ce qui divise ;
A son doux chef rendez la liberté.

     O Notre-Dame, etc.

Priez pour nous, ô bonne et tendre Mère,
Porte du ciel, doux repos des mourants,
Assistez-nous à notre heure dernière,
Et donnez-nous la terre des vivants.

     O Notre-Dame,
      Priez pour nous ;
   Gardez, gardez notre âme, } *bis.*
   Venez et sauvez-nous.

La chapelle de Notre-Dame de Laval.

Salut, chère et sainte chapelle
Où si longtemps nos bons aïeux
Ont exhalé d'un cœur fidèle
Tant de soupirs et tant de vœux *(bis).*

J'aime ton site plein de charmes,
Où tout réjouit notre cœur;
Si ce monde est un val de larmes,
Ici c'est un val de bonheur *(bis)*.

J'aime ta douce solitude
Où ta Vierge sait nous ravir ;
J'y dépose l'inquiétude
Et ne pense qu'à la bénir *(bis)*.

J'aime à me voir en ton enceinte,
J'y goûte de pures douceurs ;
Là je dis mes soucis, ma crainte ;
Je trouve un baume à mes douleurs *(bis)*.

Sainte chapelle, à ma prière
Tu donnes des ailes de feu ;
Ma confiance, plus entière,
Triomphe du cœur de mon Dieu *(bis)*.

Ne fus-tu pas toujours la source
De cent mille bienfaits divers,
Des anciens la grande ressource,
Dans leurs dangers, dans leurs revers ? *(bis)*

De tes murailles chaque pierre
Réveille un heureux souvenir ;
Sous toi, divin paratonnerre,
Nous abritons notre avenir *(bis)*

Tu ne tromperas pas, ô Mère,
Nos si justes pressentiments;
Toujours ton béni sanctuaire
Consolera tes chers enfants *(bis)*.

**Exilés, nous soupirons dans cette vallée
de larmes.**

Pauvre exilé, sur la terre des larmes,
Loin de Sion je gémis nuit et jour,
Et je m'écrie, au milieu des alarmes :
Quand te verrai-je, ô bienheureux séjour ?

Vierge de la vallée,
Mère toujours aimée,
Prêtez l'oreille aux soupirs de ma foi
Et sans retard ayez pitié de moi.   } *bis.*

Pauvre exilé, toujours ici la guerre,
Contre moi-même il faut toujours lutter.
Je sens mon cœur attiré vers la terre,
Pendant qu'au ciel il voudrait remonter.

Vierge de la vallée, etc.

Pauvre exilé, le démon sans relâche,
Comme un lion, rugit autour de moi ;
Faudra-t-il donc, renonçant à ma tâche,
Lâche et vaincu, me placer sous sa loi ?

    Vierge de la vallée, etc.

Pauvre exilé, par ses mille artifices
Le monde cherche à captiver mon cœur;
Ah ! loin de moi ses trompeuses délices !
Monde pervers, serais-tu mon vainqueur ?

    Vierge de la vallée, etc.

Pauvre exilé, persécuté sans cesse
Je périrai, Mère, si votre bras
A chaque instant ne soutient ma faiblesse,
Si votre main ne dirige mes pas.

    Vierge de la vallée, etc.

Pauvre exilé, malgré ma vigilance,
Ici toujours quelques fragilités ;
Au ciel, on aime et jamais on n'offense ;
Au ciel jamais plus d'infidélités.

    Vierge de la vallée, etc.

Pauvre exilé, mon seul abri fidèle,
C'est votre cœur, ô Mère, en tous mes maux ;
Oh ! quand pourrai-je, en la paix éternelle,
Dans votre cœur, goûter le saint repos ?

Vierge de la vallée, etc.

Laudate de valle Dominam.

Chantons la patronne
De notre Forez,
Que son nom résonne
Partout à jamais.

Laudate, Laudate de valle Dominam ;
Laudate (*ter*) Mariam.

O cité si chère
Du grand saint Germain,
A ta bonne Mère
Chante ce refrain.

Laudate, etc...

Echos de Baffie,
Chantez tour à tour,
Chantez de Marie
La gloire et l'amour.

Laudate, etc...

Aix au doux murmure,
Flots bleus du torrent,
A la vierge pure
Redites ce chant :

Laudate, etc...

Hôtes du bocage,
Chantres du Chazau,
Dans votre ramage
Répétez bien haut :

Laudate, etc...

Toi, sainte Chapelle,
Chante les faveurs
Dont, Vierge fidèle,
Elle emplit les cœurs.

Laudate, etc...

Divine patronne,
Gloire de ces lieux, ,
O Mère si bonne,
Recevez nos vœux.

Laudate, etc...

Contre la tempête,
Gardez-nous toujours.
L'orage s'apprête :
Veillez sur nos jours.

Laudate, etc...

O Reine chérie,
Du plus haut des cieux
Sur notre patrie
Abaissez les yeux.

Laudate, etc...

Faites que la France,
Après tant d'erreurs,
De la pénitence
Répande les pleurs.

Laudate, etc...

A notre Saint-Père
Donnez prompt secours,
Et de son calvaire
Finissez les jours.

Laudate, etc...

Nous voulons sur terre,
Pleins de vos bienfaits,
Vous aimer, vous plaire,
Chanter à jamais :

Laudate, etc...

Par Notre-Dame, Pitié, Seigneur !

Pardon, mon Dieu, suspendez vos vengeances
Et détournez vos regards irrités.
Chargés du poids de nos tristes offenses,
Nous les pleurons, implorant vos bontés.

Par Notre-Dame,
Pitié, Seigneur !
Son amour la réclame, } *bis*.
Pardonnez au pécheur. }

Pardon, mon Dieu ; pour ce peuple infidèle
Qui, fuit le temple et son culte d'amour,
Et lâchement à votre loi rebelle,
En jour maudit a changé le saint jour,

     Par Notre-Dame, etc.

Pardon, mon Dieu, pour ce peuple coupable
Toujours, hélas ! prêt à vous insulter,
Qui blasphémant votre nom adorable,
Semble vouloir sur l'enfer l'emporter.

     Par Notre-Dame, etc.

Pardon, mon Dieu, pour cette race impie,
Sur vos autels osant vous défier,
Et, ravissant le doux Jésus-Hostie,
En vrai bourreau va le supplicier.

     Par Notre-Dame, etc.

Pardon, mon Dieu, pour tous les misérables
Qui de vos saints se font persécuteurs,
Du noir enfer instruments exécrables
Et de tout mal lâches propagateurs.

     Par Notre-Dame, etc.

Pardon, mon Dieu, pour ces hommes fragiles,
Vous outrageant sans même le savoir.
Ah ! subjuguez tous ces cœurs indociles,
De votre amour montrez-leur le pouvoir.
Par Notre-Dame, etc.

Pardon, mon Dieu, si de votre vengeance
Nous ne pouvons parer aux justes coups.
Le doux Jésus, voilà notre espérance,
Le doux Jésus crie pardon pour nous.
Par Notre-Dame, etc.

O Notre-Dame, ô Mère secourable,
Du Dieu vengeur arrêtez le courroux ;
Ayez pitié de la France coupable.
Priez pour nous, priez et sauvez-nous.
Par Notre-Dame, etc.

La Vierge noire de Laval.

« Je suis noire, mais je suis belle ».
(Cantique des cantiques).

Elle est *noire*, Marie,
Comme femme des champs ;
Mais sa beauté choisie
Resplendit au dedans.

Toujours elle fut pure
Et jamais en son cœur
Du péché la souillure
N'altéra la candeur.

Elle est *belle*, Marie,
Comme le lis du val,
Jamais, jamais ternie
Par le souffle du mal.
Elle embauma la terre
Du parfum des vertus ;
Au céleste parterre,
C'est la fleur des élus.

Elle est *noire*, Marie.
La femme des labeurs ;
Des peines de la vie
Elle a su les rigueurs.
Comme elle, en la tristesse,
Semons les durs travaux ;
Là-haut, dans l'allégresse,
Nous aurons doux repos.

Elle est *belle*, Marie,
Comme l'astre des nuits,
A sa lumière amie
Je marche et me conduis.

A sa faveur j'évite
Les pièges des pervers.
Lui-même il prend la fuite,
Le monstre des enfers.

Elle est *noire*, Marie,
La mère des douleurs.
Sur sa face flétrie
Ont coulé tant de pleurs !
Si vous voulez lui plaire,
Comme Elle il faut souffrir,
Et votre heure dernière
Viendra vous réjouir.

Elle est *belle*, Marie,
Comme l'astre du jour ;
C'est la mère de vie,
Mère du bel amour ;
De la plus pure flamme
Toujours brûla son cœur,
Jusqu'au jour où son âme
Faillit de son ardeur.

Pour imiter Marie,
Cherchez la pureté
Dont son âme enrichie
Révéla la beauté.

Que jamais rien d'immonde
Ne souille vos désirs ;
Méprisez de ce monde
Les biens et les plaisirs.

Bénis, ô bonne Mère, les vœux de notre foi.

Près de quitter ton sanctuaire,
Vierge, entends nos derniers accents ;
Nous voulons tous, et pour te plaire,
Ici proclamer nos serments.

   Bénis, ô bonne Mère,
   Les vœux de notre foi.
  Toujours à Dieu ! c'est notre Père. } *bis.*
  Toujours à Dieu ! c'est notre roi. }

Renouons l'antique alliance
De nos pères, en ce saint lieu,
Et tous remplis de leur vaillance
Comme eux disons : Toujours à Dieu !

   Bénis, etc...

Jurons haine au monde perfide,
A la chair, à tous ses attraits,
Haine à Satan, l'ange homicide,
Jurons-lui guerre à tout jamais.

    Bénis, etc...

Jurons haine à la secte impie
Marchant contre le saint Autel.
Qui, dans l'excès de sa furie,
Prétend détrôner l'Eternel.

    Bénis, etc...

Amour au Dieu de l'Evangile !
Jurons d'être ses défenseurs,
De le servir d'un cœur virile,
De combattre ses contempteurs.

    Bénis, etc...

Amour à notre sainte Eglise !
Jurons-lui de garder ses lois.
Fuyons l'homme qui la méprise
Et voudrait étouffer sa voix.

    Bénis, etc...

Au nom de la Majesté sainte,
Jurons respect, jurons amour ;
Remplis de la divine crainte,
Jurons de garder le saint jour.

    Bénis, etc...

Soyons à Dieu ! dans la patrie,
Un jour, au comble des désirs,
A longs traits nous boirons la vie,
Au torrent des divins plaisirs.

    Bénis, etc...

. . . .
. . . .

Toujours à Dieu, toujours à toi !

Anniversaire de la réouverture de la Chapelle.

(Imitation.)

Entonnons en ce jour les chants de l'allégresse,
    Notre désir est satisfait.
Bénissons le Seigneur, publions sa tendresse,
    Exaltons ce nouveau bienfait.

Il a rouvert ce sanctuaire ;
La vierge a repris son séjour,
Et, toujours bonne et tendre Mère,
Garde le vieux pacte d'amour.

REFRAIN

Chantons, sous cette voûte antique,
L'Auguste Reine de nos cœurs.
Célébrons par un saint cantique
Et son amour et ses faveurs. (*bis*.)

Le Seigneur a rouvert de la grâce la source,
 Où s'abreuvèrent nos aïeux.
Pour les cœurs altérés quelle sainte ressource !
 Venez, sachez puiser comme eux.
 Le trône de la miséricorde,
 Dieu l'a redressé parmi nous ;
 Affamés des biens qu'il accorde,
 Venez ! venez l'entourer tous. (*Refrain.*)

Oui, Mère, nous viendrons, remplis de confiance,
 Ici demander tes bienfaits.
Réclamer ton secours, implorer ta clémence ;
 A toi nous donner à jamais.
 Toujours les âmes te sont chères,
 Toujours aussi fort est ton bras.
 Ce que ton cœur fit pour nos pères
 Pour tes enfants tu le feras. (*Refrain*).

Nous en faisons le vœu, que le Ciel te bénisse !
   Puissions-nous près de tes autels,
Fidèles serviteurs, couler à ton service
   Le reste de nos jours mortels.
   Que nous aimions ce sanctuaire,
   Et qu'il plaise à nos cœurs épris,
   Comme la maison d'une mère
   Au cœur sensible d'un bon fils. (*Refrain*).

Oui, Mère, désormais rangés sous ton empire
   Nous y voulons vivre et mourir.   [pire,
Mais, ce vœu que l'amour aujourd'hui nous ins-
   Pouvons-nous sans toi l'accomplir ?
   Ton fils nous a donné la vie ;
   Toi, daigne en ordonner le cours,
   Et que sa loi toujours suivie
   Réjouisse nos derniers jours. (*Refrain*).

Salve Regina.

(*Extrait.*)

Je vous salue, auguste et sainte Reine,
Dont la beauté ravit les immortels
Mère de grâce, aimable Souveraine,
Je me prosterne au pied de vos autels.

REFRAIN

O divine Marie,
      Mère tendre et chérie!
Nous vous offrons et nos vœux et nos cœurs ; } *bis.*
Protégez-nous, comblez-nous de faveurs.

Je vous salue, ô divine Marie!
Vous méritez l'hommage de nos cœurs.
Après Jésus vous êtes, et la vie,
Et le refuge, et l'espoir des pécheurs.

Fils malheureux d'une coupable mère,
Bannis du ciel, les yeux baignés de pleurs,
Nous vous faisons de ce lieu de misère,
Par nos soupirs entendre nos douleurs.

Ecoutez-nous, puissante Protectrice ;
Tournez sur nous vos yeux compatissants,
Et montrez-nous qu'à nos malheurs propice,
Du haut des cieux vous aimez vos enfants.

O douce, ô tendre, ô pieuse Marie!
Vous dont Jésus, mon Dieu, reçut le jour,
Faites qu'après l'exil de cette vie
Nous le voyions dans l'éternel séjour!

AUTRE REFRAIN

O Vierge vénérée,
  Gardez notre contrée ;
Protégez-nous, ô Dame de Laval
Délivrez-nous, délivrez-nous du mal. } *bis.*

N.-B. — Ces cantiques ont été composés sur des airs
très connus. Ce dernier et cet autre, *Pauvre exilé !* se
chanteront sur le même air.

Magnificat.

Après chaque verset on chante le Refrain :

  Vierge de la vallée,
  Accueille nos serments ;
  Oui, tu seras aimée ;
  Aime aussi tes enfants. (*bis*)

A LA GLOIRE DE DIEU ET L'HONNÉUR
DE SA TRÈS SAINTE MÈRE !

Lyon. — Imp. Emm. VITTE, rue de la Quarantaine, 18.

9 782019 217136